DES THÉATRES DE PROVINCE

EN GÉNÉRAL

ET DU THÉATRE DE TOULOUSE

EN PARTICULIER,

PAR UN ABONNÉ DU THÉATRE DE TOULOUSE.

Prix : 50 Cent.

SE VEND AU PROFIT DES PAUVRES.

EN VENTE :

Chez DELBOY, libraire, rue de la Pomme, 71.

1856.

DES THÉATRES DE PROVINCE

EN GÉNÉRAL

ET DU THÉATRE DE TOULOUSE

EN PARTICULIER,

PAR UN ABONNÉ DU THÉATRE DE TOULOUSE.

Prix : 50 Cent.

SE VEND AU PROFIT DES PAUVRES.

EN VENTE :

Chez DELBOY, libraire, rue de la Pomme, 71.

1856.

A Monsieur LOMON,

Rédacteur du journal l'*Aigle*.

A vous, mon cher maître, ces quelques pages de critique théâtrale ; vous y trouverez quelques-unes de vos idées ; mais ce que les lecteurs (si lecteurs il y a) n'y trouveront pas, c'est votre style si mordant et si pétillant d'esprit et d'*humour*. Ils feront comme vous : ils me pardonneront en faveur de l'intention.

A vous d'amitié,

E. L.

DES
THEATRES DE PROVINCE
EN GÉNÉRAL
ET DU THÉATRE DE TOULOUSE
EN PARTICULIER.

Un vieux proverbe. — L'opéra comique à Toulouse. — Barbot, Pauly, Ballanqué, Cazeaux. — A qui la faute ? — Mirapelli, Mlle Lacombe. Le loup et l'agneau ou une vengeance par ricochet. — Oraison funèbre du dernier des ténors. — Une digression nécessaire. — Gymnase Dramatique. Lesueur, Dupuis, Lafontaine. — Diane de Lys. — Utilité des affiches. — Paris et Toulouse. — Rachel et Grassot. — De l'influence du nez d'Hyacinthe. — Du comique en province et à Paris, Arnal, Levassor, Lannes, Michel, Prud'homme. — Du grand opéra en province. — Cacophonie. — Rossini, Meyerbeer, Halévy. — Une redite nécessaire. — Une hécatombe. — L'ancien répertoire —

Chacun pour soi et Dieu pour tous. — *Un ut de poitrine.* — *Défilé de la Juive et de Guillaume Tell, etc.* — *Une machine difficile à faire fonctionner.* — *Nouvelle exhibition d'opéras qui ne sont pas nouveaux.* — *Fin d'une année théâtrale.* — *Le Capitole et la roche Tarpéienne.* — *Mozard, Gluck, Beethoven.* — *La Cruvelli, Roger et Arnal.* — *Mme Stoltz.* — *La Favorite au naturel et l'opéra en quenouille.* — *Les Stolz et les Falcon.* — *Alice et Léonor.* — *Duprez et sa méthode.* — *Interrogatoire d'un ténor.* — *Les sergents-majors et les tonneliers à l'Opéra.* — *Une note pour quarante mille francs.* — *Mme Hébert ; combat sanglant, mort de l'ut de poitrine.* — *Genre mixte.* — *Une mine d'or.* — *Le genre ennuyeux.* — *La nouvelle direction, Duprat, Carré.* — *Mmes Renonville et Guillemot.* — *Une première chanteuse de St-Jean de Niacaragua.* — *Mlle Borghèse.* — *Qui vivra verra.* — *Porthos directeur de théâtre.* — *Huit garanties qui n'ont rien de commun avec celles des quatre puissances.* — *Prenez mon ours.*

Il est un vieux dicton populaire qui dit : « *Evitez de changer votre cheval borgne contre un cheval aveugle.* » Ne semble-t-il pas qu'il trouve, chaque année, son application au Théâtre de Toulouse ?

Nous avions, l'an dernier, une troupe d'opéra fort remarquable pour une scène de province, et j'avoue, moi, vieux parisien, blasé sur les émotions scéniques, que j'y ai vu des opéras comiques, tels que les *Diamants*, les *Mousquetaires*, le *Bijou Perdu*, tout aussi bien rendus qu'à la rue *Favart* et au *Théâtre Lyrique*. Pour ne parler que du *Bijou*, par exemple, Mme *Hébert* était une charmante et gracieuse *Cabel; Barbot* était incontestablement supérieur à *Sujol*, et *Pauly* pouvait soutenir, sans désavantage, la comparaison avec *Laurent*, qui créa, à

Paris, le rôle de l'amoureux de la belle *Toinon*. Quant aux artistes qui complétaient la troupe, *Ballanqué* n'eût été déplacé sur aucun théâtre de Paris; *Cazeaux* était dans une voie de progrès qui promettait un véritable artiste ; un directeur intelligent n'eût reculé devant aucun sacrifice. — Faut-il s'en prendre au public ou à la direction ? Je ne veux pas approfondir la question; mais, ce qu'il y a de certain, c'est qu'on n'a rien fait pour les retenir à Toulouse. Il suffisait de quelques réformes, de quelques adjonctions pour composer une troupe excellente : au lieu de cela, on s'est lancé dans l'inconnu et dans la voie fatale des *débuts*.

Mais que dire de l'ostracisme dont on a frappé Mlle *Lacombe ?* C'était un acte non-seulement brutal mais encore injuste.

Enfant de Toulouse, Mlle *Lacombe* y avait fait son apprentissage dramatique; son talent, qui grandissait chaque jour, l'avait, au bout d'une année, classée parmi les artistes d'élite; un brillant avenir dramatique s'ouvrait devant elle, et Toulouse, qui l'avait formée, pouvait espérer jouir des prémices de sa jeune renommée. Eh bien! qu'a t-on fait pour la conserver? On l'a huée, sifflée, comme la dernière des cabotines (1).

Est-ce qu'elle chantait mal? manquait-

---

(1) Rendons justice à la sagesse des mesures prises par l'autorité. De pareils scandales ne se reproduiront plus, et lorsqu'un artiste n'aura pas su conquérir les sympathies du parterre, il ne sera pas exposé à des manifestations aussi affligeantes pour celui qui en est l'objet, qu'indignes d'un public qui se respecte.

elle d'âme, d'énergie? Personne n'a mieux chanté qu'elle le duo si passionné de la *Favorite*. Est-ce qu'elle se refusait à apprendre des nouveautés? Elle a créé deux opéras nouveaux après avoir passé en revue tout l'ancien répertoire. N'avait-elle pas un magnifique instrument? Tout cela est vrai. Mais alors pourquoi l'avoir renvoyée? C'est que....... c'est que....... le régisseur la protégeait, et que nous n'aimions pas le régisseur. Alors, c'est une vengeance par ricochet; on lui a donc fait payer les fautes de la direction *Verner-Vizentini ?* Et c'est pour la satisfaction de cette mesquine rancune que vous sacrifiez une artiste distinguée, et que vous vous condamnez, peut-être à perpétuité, aux *Renonville* et autres *ejusdem farinæ!* C'est le raisonnement d'un enfant qui, dans un moment de dépit, brise son plus beau jouet, sauf à le pleurer le lendemain.

Combien, parmi ceux qui ont sifflé Mlle Lacombe, désireraient qu'elle revînt ! Pour ma part, je suis persuadé qu'elle recueillerait, sur la scène du Capitole, autant de couronnes qu'elle y a reçu d'humiliations.

Personne ne regrette *Mirapelli*, le dernier des *forts ténors*, je l'espère. Il eût beaucoup mieux fait de continuer à défendre la patrie que de venir briser, du même coup, sa voix et nos oreilles !

Une des principales causes de la décadence de l'Opéra en province, c'est le renouvellement trop fréquent des troupes. Qu'on nous permette à ce sujet une petite digression.

Il a fallu dix ans pour former la troupe du *Gymnase*, aujourd'hui la meilleure de

Paris; pourtant les artistes qui la composent étaient pour la plupart inconnus lorsqu'ils y ont débuté : *Dupuis*, *Lafontaine*, *Lesueur*, arrivaient de province ou d'un obscur théâtre du boulevard.

Je ne contesterai pas qu'il n'y eût en chacun d'eux l'étoffe d'un artiste et le germe du talent qui s'est développé depuis; mais ce qui donne à cette troupe cet ensemble, cette perfection de détails, ce fini dans les moindres nuances, c'est l'habitude que les artistes ont de jouer ensemble. Ils se connaissent, s'entendent, se comprennent à demi-mot; ils savent que la *réplique* arrivera juste, rapide; que pas un *effet* ne sera perdu.

Aussi c'est plaisir que de les voir en scène; ils ne sont pas rangés devant la rampe comme soldats à l'exercice; mais à leur aise comme dans un salon. *Juliette* parcourt un album, *Diane* tisonne, la *marquise* prend une tassse de thé, *Maximilien* lui présente le sucre, le *duc* examine un tableau *(Diane de Lys)*, et au milieu de tout ce sans-gêne, de ce laissé-aller si naturel, le dialogue pétille, se croise, vif, étincellant. La physionomie, l'attitude de chacun est parfaite ; et le spectateur ravi, oublie un moment qu'il est au théâtre et croit assister à un drame réel.

Combien nous sommes loin de cette perfection ! C'est au point qu'il faut souvent consulter l'affiche pour reconnaître des pièces qu'on a vu représenter à Paris.

Faut-il attribuer cette imperfection aux artistes de province ? leurs confrères de Paris ont-ils sur eux une supériorité tellement marquée que, *sous leur heu-*

reuse main, le cuivre devienne or, et qu'une rapsodie se change en une pièce charmante?

Ne voyons-nous pas, au contraire, tous les jours, des artistes obscurs et méconnus en province, conquérir tout d'abord le premier rang sur la scène parisienne ?

Il faut donc chercher ailleurs que dans le personnel des artistes la cause de cette infériorité. Je vais prouver qu'elle tient à l'organisation vicieuse des théâtres de département.

Au lieu de vingt théâtres où le parisien peut chaque soir promener son caprice, passant du drame au vaudeville, de l'opéra à l'arlequinade, de *Rachel* à *Grassot*, il faut que l'acteur de province offre sans cesse du nouveau à un public d'*abonnés* ou de spectateurs à peu près invariables.

De là, nécessité d'apprendre un rôle en quarante-huit heures, et de jouer pour ainsi dire sans répétition.

A Paris, le moindre vaudeville est répété pendant un mois; l'auteur est là pour indiquer les *intentions*, les *nuances :* il coupe, rogne, allonge. « Cet air n'est pas dans ma voix »; on le change. « Cette tirade m'essouffle »; on la racourcit. Tel acteur imite l'auvergnat; on lui écrit un rôle en charabia. Celui-ci a un grand nez; on lui ménage des *effets de nez :* l'enrouement de *Grassot,* le nez *d'Hyacinthe*, la grêle *d'Arnal* ont autant fait pour leur réputation que le mérite incontestable de ces rois de la farce. Le comique de province est loin d'être aussi bien partagé; il lui faut, dans la même soirée, jouer des rôles écrits exclusivement pour *Arnal, Levassor, Gras-*

sot ou *Ravel ;* il doit deviner les intentions de l'auteur, les finesses de l'ouvrage; s'approprier les *ficelles*, les *trucs* des acteurs qui ont créé le rôle, et tout cela, souvent, dans un intervalle de quatre jours. Puis, lorsqu'il arrive en scène, il se trouve en présence de camarades qui ne lui fournissent la réplique qu'à l'aide du souffleur, et qui lui font manquer les meilleures situations.

Il en serait autrement si les acteurs restaient plusieurs années au même théâtre. Voyez plutôt *Lannes*, *Michel*, *Prud'homme ;* ce ne sont certes pas des artistes de premier ordre ; pourtant chaque fois qu'ils paraissent, ils obtiennent de légitimes applaudissements; la raison, c'est qu'ils se connaissent de longue date, qu'ils ont l'habitude de jouer ensemble, qu'ils connaissent leur public et leur salle.

Ces observations dont on ne contestera pas la vérité pour les troupes de vaudeville, acquièrent une nouvelle force s'il s'agit d'une troupe d'opéra.

Vous faites venir un ténor de Bordeaux, un baryton de Marseille, une basse de Lyon : souvent ils n'ont pas répété deux fois ensemble, et vous leur faites chanter un trio ! mais c'est vouloir l'impossible.

Il faut des années pour donner quelque ensemble à une troupe lyrique. Aussi qu'arrive-t-il ? Chacun chante pour son compte, sans s'occuper de son partner : le ténor s'égosille ; la basse hurle ; le baryton détone ; le public siffle : une affreuse cacophonie remplace les morceaux les mieux nuancés, les plus brillantes compositions. Rossini, Meyerbeer, Halévy, reculeraient épouvantés, se voileraient la face et se boucheraient les oreilles, s'ils entendaient la musique qu'on leur attribue. Eh bien! que ces mêmes acteurs chantent seulement deux années ensemble, ils seront excellents.

Veut-on savoir comment les choses se passent à Toulouse, depuis dix ans? C'est presque une redite et une banalité, à force d'avoir été répété; et pourtant il ne paraît pas qu'on veuille de sitôt renoncer aux vieux errements.

La saison théâtrale n'est guère que de six mois : trois mois sont employés à des *débuts*, pendant lesquels le public tue sous lui, en moyenne, une douzaine de ténors, basses, barytons et fortes chanteuses, sans compter le menu fretin des dugazon, deuxièmes ténors, trials, etc.

Pendant cette hécatombe, les meilleurs sujets se placent dans les théâtres rivaux ; il n'y a plus de choix possible que parmi les blessés ou les invalides ; aussi va-t-on de mal en pis, jusqu'à ce que, de guerre lasse, on reçoive le plus mauvais des artistes qui se sont présentés. Il va sans dire que, pour les *débuts*, on a choisi les pièces de l'ancien répertoire : la *Juive*, la *Favorite*, *Guillaume*, *Robert* ; il faut bien savoir si le nouveau ténor donne le « *Suivez-moi !* » ou le « *Chacun pour soi et Dieu pour tous !* » comme son prédécesseur ; si son *ut* est de poitrine, d'estomac ou de tête. Enfin, de chutes en chutes, de vieilleries en vieilleries, on arrive à la fin du troisième mois : la troupe est constituée ; il faut la faire fonctionner : chaque artiste a le légitime désir de se faire entendre dans son rôle de prédilection ; on redonne la *Juive*, la *Favorite*, *Guillaume*, *Robert*,

1...

et l'on songe à monter un nouvel ouvrage. Son étude et le défilé des opéras sus-nommés vous conduisent au cinquième mois. Alors apparaît la nouveauté tant désirée. Ce n'est pas petite affaire que de faire marcher sans encombre une nouvelle partition ; aussi les premières représentations sont-elles faibles. Pourtant les artistes ont pris l'habitude de chanter ensemble, ils se sont familiarisés avec leur public ; la machine est graissée et les rouages fonctionnent sans trop de frottement ; mais voilà qu'il faut songer à la fin de l'année théâtrale. Chaque premier sujet réclame son bénéfice : nouvelle exhibition de la *Juive*, la *Favorite*, *Guillaume* et *tutti quanti*; le public prépare ses bouquets, ses couronnes ou ses trognons de pomme ; le directeur organise sa petite faillite ; et en voilà jusqu'à l'an prochain pour recommencer exactement le même exercice.

Ai-je chargé le tableau ? et ai-je raison de faire la guerre aux renouvellements trop fréquents des troupes ?

Je signalerai un autre mal beaucoup plus grave, à mes yeux, en ce qu'il touche non-seulement aux artistes, mais à l'art musical lui-même ; c'est l'habitude contractée par les compositeurs d'écrire leurs partitions en vue d'un chanteur ou d'une cantatrice.

Les maîtres de l'art, *Mozard, Gluck, Beethowen*, lorsqu'ils écrivaient leurs impérissables chefs-d'œuvres, ne prenaient conseil que de leur génie et de leur inspiration, sans s'inquiéter des artistes qui interprétaient leur musique. Mais les choses ont bien changé. Maintenant on écrit une partition pour la *Cru-*

velli, *Roger*, *Couderc* ou *Bataille*, comme on compose un rôle comique à l'usage d'*Arnal* ou de *Levassor;* ainsi, nous avons vu, pendant le règne de Mme *Stolz*, qui jouait en réalité auprès de la direction de l'opéra le role de *Favorite*, tous les emplois sacrifiés à celui de la *première forte chanteuse*, et l'héroïne être toujours une femme : c'est à son influence que nous devons la *Reine de Chypre*, la *Favorite*, *Charles VI* (dont le titre primitif était *Jeanne d'Arc*); de là nécessité d'avoir une forte chanteuse pour les *Stolz* comme auparavant pour les *Falcon*. Or, la voix de ces deux artistes n'étant pas du tout dans les mêmes registres, la première chanteuse de province, obligée de chanter d'une part *Alice* (*Robert*), de l'autre *Léonor* (*Favorite*), sera nécessairement faible dans l'une ou l'autre partition.

Duprez n'a pas été moins fatal aux ténors qui ont voulu marcher sur ses traces ; son admirable méthode ne convenait qu'à un seul chanteur : *à Duprez*.

Il fallait ce larynx d'acier, cette poitrine de bronze, cette organisation si sympathique et si puissante pour soutenir pendant deux ans cet espèce de *paradoxe musical*.

C'est à lui que nous devons les admirables créations d'*Eléazar*, d'*Arnold*, de *Raoul*, de *Robert ;* mais c'est à lui malheureusement que nous devons aussi le fameux *ut de poitrine*, qui lui a brisé la voix, et a tué depuis tant de ténors.

On ne demande plus à un chanteur s'il a une voix souple, étendue, bien timbrée, sympathique ; s'il est comédien, bon musicien : « Avez-vous un *ut*
« de poitrine ? Etes vous capable de crier

« pendant quatre actes et de jeter l'*ut* à « la fin du cinquième ?.... Alors tout va « bien, suivez-moi ! suïivez-moi ! » lui dit le directeur ravi.

Hélas ! combien en avons-nous vu de tonneliers, de sergents-majors, de menuisiers, à peine dégrossis par une demi-éducation musicale, venir affronter le public armés de leur *ut* pour tout bagage !

Comment chantaient-ils ? Les chefs d'orchestre et leurs camarades pourront vous le dire. Mais, enfin, après avoir mangé la moitié du rôle, écorché le reste, venait la *note*, la fameuse *note*, qui coûtait quarante mille francs au directeur. — Et *Guillaume échappe à leurs coups ! la Couronne du martyre !* Bravo ! Bravissimo !! il l'a donnée ! pssitt ! chutt ! Il ne l'a pas donnée !....

Et c'est pour cet agréable résultat qu'on a ruiné vingt directeurs, écarté de la scène dix excellentes partitions, et chanté pendant dix ans les mêmes opéras !

Il était réservé à M*me* *Hébert-Massy* de prouver, à Toulouse, qu'on pouvait faire recette sans grand opéra et sans *fort ténor*.

L'an dernier, nous avions pour ainsi dire les deux camps en présence : d'un côté, *Mirapelli*, M*lle* *Lacombe*, armés de la *Juive*, *Guillaume Tell*, les *Huguenots*, le *Prophète;* de l'autre M*me* *Hébert*, *Barbot*, *Ballanqué*, *Cazeaux*, qui mettaient en ligne de bataille le *Bijou Perdu*, la *Promise*, *Haïdée*, les *Amours du Diable*, la *Fille du Régiment*, le *Caïd*, le *Songe d'une Nuit d'Eté*, les *Diamants*, les *Mousquetaires*, *Si j'étais Roi*, sans compter les pièces du vieux répertoire de l'opéra comique : le *Châlet*, le *Domino, Gilles Ravisseur*, etc., etc., etc.

La lutte n'a pas été longue, et Mirapelli n'a pas tardé à lancer ses *ut* douteux en présence des banquettes désertes. Le public intelligent s'est enfin aperçu qu'il y avait un médiocre plaisir à entendre sans cesse le même opéra et la même note (1), et qu'il y avait au contraire une mine inépuisable de jouis-

---

(1) Bilboquet. — Quel talent'-as-tu ?
Sosthène. — Je joue du trombonne.
Bilboquet. — Fais toi z'ouïr.
Sosthène souffle dans le trombonne et ne peut tirer qu'une note.
Zéphirine. — Mais c'est toujours un *ut* !
Bilboquet. — C'est égal : les personnes qui aiment cette note éprouveront beaucoup de plaisir.

(*Les Saltimbanques.*)

sances musicales dans le répertoire du *genre mixte;* qu'il vallait mieux, en un mot, passer en revue pendant la saison théâtrale douze opéras nouveaux, bien montés, bien chantés, qu'une de ces grandes machines en cinq actes, qui, sur une scène de province, s'élèvent rarement au-dessus du médiocre.

Les directeurs, de leur côté, ne tarderont pas à comprendre qu'ils doivent s'attacher à former une troupe irréprochable et non sacrifier le plus clair de leur subvention aux appointements léoniens d'un fort ténor.

Mme *Hébert* ne serait pas déjà une charmante *prima*, une artiste complète, qu'elle mériterait une couronne civique pour nous avoir à peu près débarrassés des chefs-d'œuvres que chacun sait par cœur, et des Duprez poussifs auxquels nous semblions voués à tout jamais.

La direction nouvelle marche d'un pas mal assuré entre les deux genres; elle n'a pas encore eu le courage de trancher dans le vif, et nous sommes menacés de la voir s'engager dans la vieille ornière ; il existe un certain public qui a de la peine à renoncer au genre criard et ennuyeux, il lui faut encore ses cinq actes, et s'il applaudit parfois *Duprat*, le nouveau ténor, c'est quand il force sa voix; mais la masse des spectateurs est d'un avis contraire, et le bon goût finit toujours par triompher. Qu'on se hâte donc de monter de jolies nouveautés, et l'on s'apercevra très peu de l'absence de M*lle Lacombe* et de l'insuffisance de *Duprat*.

La direction n'a pas eu la main trop malheureuse dans ses nouvelles acquisitions : *Carré* est un charmant second ténor, qui, au sortir du Conservatoire, a su se faire applaudir à Paris, où il a créé le principal rôle de *Si j'étais Roi;* le troisième ténor a une voix fraîche et sympathique; la basse apprendra, sans doute, à se servir d'un fort bel instrument; mais il ne faudrait pas abuser des *Renonville* et des *Guillemot;* ce serait s'exposer à faire fuir les plus intrépides mélomanes; il n'y a que des Valparaisiens ou des Nicaraguiens capables de supporter un charivari comme celui qu'elles ont voulu nous faire prendre pour le *Songe d'une Nuit d'Eté* ou les *Huguenots.* On nous fait espérer Mlle *Borghèse* dont on dit merveille.... Qui vivra verra; mais je répète qu'il est impossible de former une bonne troupe avec des directions éphémères et des engagements d'un an.

Je ne veux blesser personne ; mais la municipalité toulousaine a-t-elle fait preuve de sagesse en confiant la direction d'une troupe lyrique à un ancien traître de mélodrame, animé de fort bonnes intentions, je n'en doute pas, mais tout-à-fait étranger aux études spéciales que nécessite une pareille entreprise, et ne devait-on pas s'attendre à ce qui est arrivé?

Toutes ces observations ne seraient que bavardage, si, à côté du mal que je signale je n'indiquais pas le remède : je ne me dissimule pas que c'est toute une révolution ; mais à ce prix seulement je vois le salut et l'avenir du théâtre en province.

1° Formation d'une compagnie par actions pour l'exploitation des quatre théâtres de Toulouse, Lyon, Marseille et Bordeaux ;

2° Un directeur général chargé des engagements et de la haute direction;

3° Un directeur-régisseur pour chaque ville, présenté par le directeur-général et nommé par l'autorité, avec obligation de cautionnement;

4° Subvention de 120 mille francs fournie par chaque ville;

5° Engagement des artistes pour trois ans au moins avec dédits stipulés;

6° Fixation des appointements des premiers sujets à un chiffre égal pour chacun des quatre théâtres;

7° Suspension du grand opéra pendant quatre mois;

8° Caisse de retraite pour les artistes qui auraient fait partie, pendant 12 ans au moins, de l'une ou l'autre des quatre troupes.

Je n'entrerai pas dans un trop long

développement de ces huit *propositions*, que je livre aux méditations des personnes compétentes; mais je les crois efficaces.

Elles assurent la partie financière de l'entreprise tout en laissant aux actionnaires l'espoir d'un bénéfice.

Elles empêchent le retour de ces faillites périodiques non moins préjudiciables au budget municipal qu'aux artistes eux-mêmes.

Elles rendent possible la formation d'une bonne troupe en donnant plus de durée aux engagements et en facilitant les mutations sans passer par la filière des débuts annuels.

Elles enlèvent la direction à toutes les petites influences de clocher et de favoritisme, à toutes les intrigues de camaraderie.

Elles font disparaître le scandale d'appointements exagérés à côté d'appointements illusoires et ne permettent plus aux premiers sujets de faire la loi à la direction.

Enfin, elles assurent un avenir aux vieux acteurs, qui, dans l'état actuel des choses, n'ont, en restant en province, d'autre perspective que l'hôpital pour leurs vieux jours.

Un abonné.

Note. Post-Scriptum.

Pendant que ces pages étaient sous presse, Mlle Borghèse a débuté dans les deux rôles de la *Favorite* et de la *Juive*.

Le résultat de ces deux épreuves, loin de m'obliger à modifier mon travail, n'a fait, pour ainsi dire, que le corroborer et lui donner la force d'un exemple vivant.

Qu'avons-nous vu en effet ?

Une artiste richement douée sous le rapport de l'intelligence et du sentiment dramatique, une espèce de *Rachel lyrique* aborder deux créations de Mmes *Falcon* et *Stolz*.

Dans la *Favorite*, elle a été l'objet d'une véritable ovation ; dans la *Juive*, elle n'a dû qu'à son jeu plein de sentiment et de passion de ne pas subir un échec : la tragédienne a sauvé la cantatrice ; et, je me hâte de le dire, le public a fait preuve de goût et de justice dans ces deux appréciations : *Vox populi, vox Dei !*

Cela n'empêche pas Mlle *Borghèse* d'avoir un mérite incontestable, mais elle ne peut pas être à la fois *Falcon* et *Stolz;* il faut, de toute nécessité, qu'elle soit faible dans l'un ou l'autre de ces deux emplois : ainsi, elle sera à la hauteur de son rôle dans la *Favorite*, la *Reine de Chypre, Charles VI;* peut-être aussi dans *Fidès* du *Prophète;* elle serait magnifique dans *Arsace* de *Sémiramis;* mais elle ne sera jamais que médiocre dans la *Juive, Robert* et autres rôles écrits pour Mlle *Falcon;* or, comme aucune direction n'est assez riche pour avoir deux fortes premières chanteuses, il faut en prendre son parti et savoir se contenter de la part si belle que la nature a faite à Mlle *Borghèse*. Tout en regrettant que, dans les registres élevés, sa voix soit voilée et sans éclat, il faut admirer la richesse et l'ampleur des cordes basses, et surtout son talent de tragédienne, bien préférable, pour l'ensemble des opéras du répertoire moderne, à quelques notes plus ou moins hautes.

Ce 21 décembre.

FIN.

Toulouse. — Imp. LAMARQUE et RIVES, succ. d'Henault, rue Triprière, 9.

TOULOUSE. — IMP. LAMARQUE ET RIVES, SUCC. D'HENAULT,
RUE TRIPRIÈRE, 9.

www.ingramcontent.com/pod-product-compliance
Lightning Source LLC
Chambersburg PA
CBHW060518050426
42451CB00009B/1056